Introduction

Les pages qui suivent ne constituent ni une dissertation, ni une thèse, ni un essai, ni un traité, mais un témoignage. Témoignage destiné à alimenter, à défaut d'éclairer, la réflexion de toutes celles et ceux qui prennent encore le temps de se poser des questions.

Prendre le temps. Dans un monde où règnent de plus en plus l'immédiateté et l'impatience, prendre son temps est devenu synonyme de perdre son temps. Réagir sans penser plutôt que penser pour agir devient peu à peu la norme. Faire est plus important que réfléchir. Combler le vide de nos journées et celles de nos enfants par de nombreuses activités est l'obsession de beaucoup de nos contemporains. « *Rien n'est ni insupportable à l'homme que d'être dans un plein repos* ».(1) Cette pensée de Pascal demeure toujours d'actualité. Ne rien faire et ne rien avoir à faire nous fait horreur. Et lorsque la réflexion est utilisée, elle l'est souvent pour envisager ce que nous ferons le lendemain, dans une semaine ou dans un mois. Oubliant ainsi de vivre l'instant présent. Et donc de vivre, tout simplement.

Ce tableau un peu sévère ne doit pas effrayer le lecteur.

Il n'est pas dans mon intention de le réprimander, de le culpabiliser, de le blâmer et donc de le juger. Le lecteur est seulement invité à reprendre possession de sa vie. Cessons de courir après le vent. Contentons-nous déjà de marcher. Puis, dès qu'un instant favorable se présente, arrêtons-nous. Et c'est à ce moment précis, plus ou moins court, mais plus que précieux, que nous allons posément réfléchir.

Réfléchir pour quoi ? Pour ne pas oublier. Noyés dans les futilités et les préoccupations de notre quotidien, nous oublions beaucoup de choses. Des choses essentielles. Dont le voyage que nous sommes en train d'effectuer. Réfléchir à quoi ? A nous. Au monde qui nous entoure. Et à nos semblables.

S'il fallait absolument, dans un souci maladif de classification et d'analyse, cerner les thèmes abordés dans le texte qui suit, le bonheur et la liberté pourraient être cités. Certains érudits, sévères gardiens de la légitimité, ne manqueront pas alors d'endosser les habits d'Adalbert de Périgord et me demanderont avec méfiance et condescendance : qui t'a fait philosophe ? Je répondrai : personne, car je n'en ai pas le titre. Mais j'ignorais qu'il fallait l'être pour avoir le droit de penser.

Dissipons immédiatement d'éventuels malentendus : je n'ai pas la prétention, ridicule et démesurée, de remettre de l'espoir et de la joie de vivre dans le cœur et l'esprit de nos semblables. Je ne suis pas non plus animé par la volonté de vendre, et encore moins d'imposer, une pensée positive à n'importe quel prix, avec une assurance de résultats.

Ma seule ambition est de décrire le chemin sur lequel j'avance. Un chemin enthousiasmant, serein et lucide, très éloigné du désenchantement, du découragement et de la mauvaise humeur ambiante. Fruit de mes réflexions, de mes lectures et de mon expérience personnelle, c'est en cela que le texte constitue un témoignage. Ce dernier est composé de deux parties, différentes mais néanmoins complémentaires. J'ai essayé de les rendre les plus simples et les plus accessibles possibles. Soucieux d'aller à l'essentiel, sans fioritures ni digressions inutiles, mon témoignage est volontairement concis et dense. J'ose espérer que sa lecture n'en sera pas pour autant source d'insatisfactions mais au contraire génératrice de nouvelles interrogations.

Première partie

Le malheur de l'oubli

ou pourquoi ne pas oublier nous rend heureux

1.1 Introduisons notre réflexion par une citation du poète français Ernest Jaubert : « *L'égalité entre les hommes est une règle qui ne compte que des exceptions* ». Il n'est malheureusement pas nécessaire de faire des études approfondies ni de rédiger de volumineux rapports circonstanciés pour le découvrir. Il suffit de jeter un regard sur le monde pour constater qu'au delà des différences extérieures fondées sur l'apparence, certains ont tout et d'autres rien. Ce qui est vrai pour les individus se vérifie également au niveau macro-économique. Si une poignée de pays sont réputés riches et développés, d'autres sont désignés pudiquement, certains diront hypocritement, comme étant en voie de développement.

A défaut de voyageurs persans qui ne sont plus exotiques de nos jours, imaginons des créatures extra-terrestres visitant la Terre. Si leur guide leur expose qu'il existe des pays riches et développés, ils s'imagineront, en toute bonne foi, que les habitants de ces contrées sont heureux. Prenons au hasard l'exemple d'un grand et beau pays de l'Europe occidentale, au passé parfois glorieux et au présent souvent terne. Si nous l'examinons de près, que constatons-nous ? Que ce grand et beau pays est peuplé par de très étranges habitants. En effet, vivants sur un territoire libre, gouverné par des lois, sous un climat tempéré, au milieu de paysages riches et variés, ces derniers auraient toutes les raisons de se réjouir. Et pourtant, ils ne cessent de geindre et de se lamenter. Cette attitude incompréhensible est née et s'est développée lors de l'apparition d'une secte particulièrement redoutable et dangereuse.

Cette secte vénère l'idole Pécule. Les malheureux, de plus en plus nombreux, qui succombent aux charmes ravageurs de cette fausse divinité, sont suffisamment endoctrinés pour accepter sans protester l'impensable : changer d'identité et de statut. En effet, déchus du titre honorable de citoyen, les adeptes sont désormais appelés des *consommateurs*, dénomination barbare qui résume leur seul rôle possible en ce bas monde. Pécule distille dans le cœur des *consommateurs* un insidieux poison, inodore et indolore, mais ravageur et pernicieux : celui de l'envie. L'envie de posséder ce que l'on ne détient pas encore, l'envie d'acheter encore et toujours, pour le seul plaisir d'avoir. Aveuglés par leur nouvelle et perpétuelle quête, *avoir*, les consommateurs ont peu à peu oublié d'*être* : être solidaires, être respectueux d'autrui, être justes, être heureux de vivre ensemble. Pécule est satisfait lorsque règne la jalousie, la frustration de ne pas avoir et la violence pour posséder. Quel triomphe pour lui ! Et c'est ainsi que les habitants de ce grand et beau pays ont peu à peu sombré dans la mélancolie de ne pas pouvoir tout acquérir et dans la brutalité pour détenir un bien.

Malheureusement, les ravages de Pécule ne s'arrêtent pas là. En effet, outre l'obsession et la rage violente de posséder, l'autre conséquence dévastatrice de la nouvelle idole est la croissance et la multiplication inquiétante de l'imbécillité parmi la population. Constatant la réussite sociale de certains par le biais de l'argent et convaincus que seul ce dernier a de l'intérêt dans la vie, une part plus en plus importante d'anciens citoyens a décidé de négliger leur éducation et celle de leurs enfants. A quoi bon savoir que la lune tourne autour de la Terre ? Quel est l'intérêt de lire des romans dits classiques ? Quelle est l'utilité de connaître les capitales du monde ? Aucune ! Tout comme la philosophie, l'art, l'histoire ou les sciences, tout ce qui n'est pas utile concrètement, dans la vie de tous les jours, tout ce qui ne sert pas à gagner de l'argent immédiatement est superflu. Pourquoi s'encombrer le cerveau de choses futiles et vaines ? Ainsi, les visiteurs extra-terrestres seraient bien surpris de constater que les habitants d'un pays riche sont non seulement malheureux, mais également enclins à la violence et à la stupidité. De tristes pantins décervelés, geignards et hargneux : voilà l'image qu'emporterait les voyageurs interstellaires de ces favorisés qui s'ignorent.

Ce récit imaginaire, basé sur des faits réels à peine outrés, illustre notamment le fait que la possession de biens matériels n'apporte pas systématiquement le bonheur. Ce constat n'a rien de nouveau, il est déjà bien connu. D'une manière plus générale, et au-delà de cet angle particulier, nous savons tous que la vie peut être dure, difficile, pénible, décourageante, angoissante, injuste, ennuyeuse, fatigante, lassante. Nous avons déjà croisé dans le regard de nos semblables de la mélancolie, de la désillusion, de l'amertume, de la crainte, de la déception, de la jalousie. Nous rencontrons tous, dans notre vie quotidienne, des problèmes, des difficultés, des inquiétudes, des contrariétés.

Pourtant, malgré les épreuves qui sont les nôtres et que nous traversons plus ou moins bien, nous avons toutes les raisons d'être heureux. Cette affirmation peut claquer comme une provocation insolente. Pourquoi aurions-nous toutes les raisons d'être heureux ? C'est ce que nous allons tenter de comprendre.

1.2 Constatons tout d'abord que la tristesse et la violence semblent de plus en plus répandues dans nos sociétés. C'est en tout cas le sentiment, justifié ou non, que nous pouvons avoir et celui que nous exprimons le plus souvent. Il est vrai que les informations relayées par la presse et les autres moyens de communication sont rarement positives et leur diffusion de manière ininterrompue ne contribue pas à instaurer une ambiance sereine et détendue. Certaines mauvaises langues diront que les bonnes nouvelles ne sont pas mises en avant car beaucoup moins attrayantes qu'un drame ou qu'une catastrophe. Laissons ce débat et attardons-nous plutôt sur la tristesse. Derrière ce terme général et pour tout dire un peu vague, se dissimule des états aussi différents mais aussi pénibles à vivre que l'ennui, l'abattement, l'amertume, la mélancolie, l'affliction, l'insatisfaction, le malaise, le chagrin, la résignation, le pessimisme. Quelles sont les causes de la tristesse de notre civilisation ? Loin de nous l'idée de répondre à cette question de manière étayée ! Même si le récit introductif pointe du doigt les idoles modernes, quelles qu'elles soient, l'objet de notre réflexion est autre. Néanmoins, si nous devions citer l'une des origines de la morosité ambiante, nous retiendrions sans hésiter l'oubli.

Imaginons un marin, au milieu de l'océan, qui

oublierait soudainement qu'il se trouve à bord d'un navire. Il court alors le risque de tomber à l'eau et de se noyer au milieu des flots. C'est exactement ce qui se passe pour la plupart des hommes : ils perdent pied et parfois sombrent, parce qu'ils oublient. Parce qu'ils oublient le voyage qu'ils sont en train d'effectuer. Nous y reviendrons. Mais dit autrement, lorsque nous regardons trop notre nombril, que faisons-nous ? Nous nous centrons sur nous-mêmes, nous nous replions sur notre petit monde et nous oublions celui qui nous entoure ainsi que les choses essentielles de la vie. Voyez tous les utilisateurs de téléphones intelligents, selon l'intéressante dénomination utilisée au Canada francophone, qui dans la rue, déambulent les yeux rivés sur un écran. Peut-être s'ouvrent-ils de cette manière un horizon sur le monde mais ils oublient, ou en tout cas ils ne voient plus celui qui est devant eux. Si la plupart de nos semblables cessaient d'oublier, sans doute seraient-ils moins malheureux. Pour le comprendre, abordons dans un premier temps la question du bonheur. Vaste sujet qui a déjà été traité par nombre d'auteurs, dont les plus prestigieux ! Nous resterons donc fort modeste. Essayons non pas de résumer un thème très dense, mais d'en dégager quelques éléments.

La première idée que nous mettrons en avant est celle-ci : pour être heureux, il ne faut pas chercher à le devenir. Cela peut sembler paradoxal, mais nous allons voir que ce n'est qu'une question de bon sens. Partons d'un constat : a priori, mis à part d'éventuelles exceptions, tout le monde souhaite être heureux. Nous pouvons donc admettre comme hypothèse de base que le bonheur est ce que chacun désire. Mais, lorsque nous désirons le bonheur, est-on en sa possession ? Non, puisque précisément nous le désirons ! Nous ne pouvons désirer que ce qui nous manque. Et c'est parce que le désir est un manque que le bonheur fait obligatoirement toujours défaut. D'où la raison pour laquelle tout homme désire être heureux, mais ne pouvant l'être, il en souffre nécessairement. La conclusion logique est donc la suivante : nul ne sera jamais heureux.

On nous objectera que notre définition du bonheur est trop théorique et trop réductrice. Le bonheur n'est pas seulement ce que chacun désire ! Etre heureux, c'est aussi éprouver de la joie et du plaisir, c'est se distraire avec des amis, aller au cinéma, prendre des vacances au bord de la mer ou se promener à la campagne. Nous répondrons que prendre des vacances au bord de la mer peut être effectivement source de plaisir. Mais le plaisir n'est pas le bonheur. Le bonheur suppose l'idée d'éternité. Les hommes souhaitent être heureux, certes ; mais ils souhaitent surtout être heureux et le rester. Or, nulle satisfaction n'est de durée : elle n'est que le point de départ d'un désir nouveau. Le plaisir est une sensation passagère et incomplète.

N'existe-t-il aucun moyen de transformer cette sensation passagère en un bien-être permanent ? Il faudrait pour cela éviter la douleur, la privation de joie et simultanément, ressentir de fortes jouissances. Mais c'est impossible. Parce que la plupart du temps, seule la seconde condition est atteinte. Or, pour être heureux, il faut que les deux conditions soient réunies. Mais est-ce vraiment nécessaire ? Si nous éprouvons du plaisir, n'évitons-nous pas en même temps la douleur ? Cela n'est pas toujours vrai. Nous pouvons par exemple éprouver une grande joie en discutant avec des amis venus nous rendre visite à l'hôpital, tout en souffrant du bras que l'on s'est fracturé. Néanmoins, pour aller jusqu'au bout de cet argument, admettons qu'un plaisir particulier ôte simultanément toute souffrance. N'avons pas dans ce cas précis atteint le bonheur ? Non, car l'état de complète satisfaction ne durera que le temps du plaisir en question. Lorsque celui-ci aura disparu, nous ne pourrons pas éviter la douleur.

De quelle douleur parlons-nous ? Donnons quelques exemples. Il y a d'abord les souffrances que nous ressentons dans notre corps, celles qui se manifestent notamment à travers la maladie. Certes, un homme peut demeurer bien portant pendant toute son existence et ne jamais être malade. Mais un homme peut-il éviter la vieillesse et la déchéance qu'elle entraîne ? Bien qu'inéluctable, la vieillesse n'est pas toujours un naufrage : nous pouvons demeurer sain de corps et d'esprit jusqu'à notre dernier souffle. Mais oublierions-nous les difficultés provenant du monde extérieur ? La société pose sur notre chemin beaucoup de problèmes, d'embûches et d'épreuves. Nous pouvons être confrontés à la violence, à l'exclusion, au rejet, à la solitude et à tant d'autres travers de la vie quotidienne ! Nos contradicteurs affirmeront que nombre d'individus peuvent y échapper. Permettons d'en douter. Cependant, quand bien même cet état de fait extraordinaire serait vrai, comment ces privilégiés pourraient être heureux lorsque tous les jours, nous entendons parler de meurtres, d'attentats, de guerres, de famines, de catastrophes, d'épidémies et de massacres ? Comment pourrait-on être heureux lorsque d'autres souffrent ? En demeurant indifférent face à tous ces événements ou en les ignorant. Le cynisme et l'égoïsme de cette option, bien qu'insupportables, peuvent malheureusement se rencontrer auprès de certains. Arrêtons-nous enfin sur une troisième catégorie de souffrances à laquelle l'homme est confronté : celles résultant de nos rapports avec autrui. Ce sont par exemple les inquiétudes que les parents éprouvent pour leurs enfants ou les conflits entre voisins ou amis. Songeons également aux peines ressenties suite au décès d'un être cher. Car même si nous parvenons, par je ne sais quel prodige, à éviter les douleurs dans notre corps et celles émanant du monde extérieur, nous ne pourrons jamais, sauf si nous nous réfugions dans une île déserte, à échapper à la terrible expérience qui nous permet de vérifier que l'irrésistible course du temps entraîne l'homme vers la mort ! Certains diront que les religions sont là pour nous en consoler. Mais ceci est un autre sujet.

1.3 Nous venons donc de constater que le bonheur n'est pas à notre portée. Dans ce cas, comment pourrions-nous avoir toutes les raisons d'être heureux ? Aurions-nous l'esprit de contradiction ? C'est ce que nous allons découvrir à l'instant. Si nous acceptons l'idée que le bonheur est inaccessible, faut-il pour autant sombrer dans le désespoir ? Non. Car nous pouvons toujours, fort heureusement, éprouver des joies et des plaisirs. Mais ces joies et ces plaisirs sont éphémères ! Ne l'avons-nous pas suffisamment souligné précédemment ? Oui. Cependant, n'ont-ils pas le mérite d'exister et de nous procurer un bien-être non négligeable au milieu de nos souffrances quotidiennes ? Pourquoi les bouder ? A défaut du bonheur éternel, pourquoi ne pas nous contenter du fugitif plaisir ? Certains répondront, avec véhémence, que l'être humain a toujours voulu aller voir ce qu'il y a derrière la montagne et de l'autre côté de l'horizon : nous cherchons sans cesse à repousser des limites. Aussi, même si on tente de lui démontrer l'inaccessibilité du bonheur, l'homme n'y croira jamais complètement et définitivement. Il cherchera malgré tout à atteindre le bonheur éternel. Et tant que cet idéal ne deviendra pas réalité, il ne sera pas satisfait. Cette attitude est compréhensible. Néanmoins, en attendant le jour où les hommes découvriront le secret du bonheur immortel, nous pouvons tenter de nous y approcher.

Comment s'approche-t-on du bonheur ? Il existe sans doute plusieurs méthodes différentes. Nous allons nous contenter de décrire la voie utilisée par l'auteur de ces lignes, en rappelant que cette dernière n'est ni supérieure ni plus efficace qu'une autre. Comment s'approche-t-on du bonheur ? En étant heureux de vivre. Cette réponse peut sembler absurde. Comment pouvons-nous être heureux de vivre alors que nous sommes incapables d'éviter la douleur et la privation de joie ? Il est vrai que cette première réponse est trop spontanée. Exprimons-nous autrement et disons que l'une des manières de cheminer vers le bonheur consiste à être heureux d'*être*. Quelle est la différence ? Etre heureux de vivre signifie être heureux de passer sa vie d'une certaine façon. Etre heureux d'*être* signifie être heureux d'exister, en dehors de toute condition de vie. Ces savantes subtilités sont-elles de nature à résoudre le problème ? A première vue, c'est loin d'être le cas. Nous sommes en effet enclins à être dubitatif et à nous interroger : comment pouvons-nous être heureux d'*être* dans un monde comme le nôtre, où une journée sans drame est presque considérée comme une journée anormale ? Comment pouvons-nous être heureux d'*être* alors que nous sommes confrontés aux problèmes et aux difficultés de la vie quotidienne ?

Notre esprit pratique se demande : comment peut-on être heureux d'*être* dans un monde comme le nôtre ? Mais la question juste à se poser est plutôt la suivante : comment peut-on être heureux dans un monde comme le nôtre ? Il y a entre ces deux interrogations une nuance qui a son importance. Succombons au doute : existe-il vraiment une différence entre le fait d'être heureux et celui d'être heureux d'*être ?* Un exemple devrait nous éclairer. Admettons qu'à un moment donné et pour une raison quelconque, un individu soit triste. Peut-il en même temps être heureux ? Non, puisqu'il est triste. Mais peut-il au même instant être heureux d'*être* ? Oui ! Ce n'est pas contradictoire. Cet homme peut très bien être chagriné parce que l'une de ses amies est partie pour un long voyage à l'autre bout du monde, et simultanément, être heureux d'*être*. Parce que ce n'est pas exactement la même chose.

Posons-nous à présent la question suivante : quelles raisons aurait-on d'être heureux d'*être* ? Ou dit autrement : pourquoi faut-il être heureux d'*être* ? La réponse est simple mais demande d'entrer dans certains détails nécessaires à la bonne compréhension du sujet. Pourquoi faut-il être heureux d'*être* ? Parce que nous sommes. Parce que le seul fait d'*être*, d'exister, constitue un phénomène remarquable. Pour quelles raisons ? Nous allons les examiner. Cependant, en préambule, il est important de préciser que notre discours est basé sur une banale observation et sur la rigueur de la recherche scientifique. Les croyances de tout un chacun n'entrent pas en ligne de compte dans notre raisonnement, même si nous aborderons ce thème un peu plus loin. Revenons dans l'immédiat à notre question : pourquoi exister constitue-t-il un phénomène remarquable ?

Pour bien en saisir les raisons, considérons un instant la position singulière de l'homme dans le monde, sa position particulière vis-à-vis de l'univers. Prenons le temps de réfléchir et de nous poser des questions qui peuvent paraître futiles pour des *consommateurs* mais qui sont pourtant fondamentales. En effet, happés par le quotidien de la vie, nous oublions trop souvent les choses essentielles. Et parmi les choses essentielles, il y a celle qui consiste à se souvenir que nous vivons sur une planète, qui s'appelle la Terre. Cela vous paraît évident ? Mais est-ce vraiment le cas ? Combien d'individus n'ont d'autres horizons et perspectives que leur rue, leur quartier, leur village ? Il est humain d'oublier que nous vivons tous ensemble à bord du même navire. Mais y songer nous permet d'être heureux d'*être*.

1.4 Réfléchissons un moment. Qu'est-ce que l'homme dans l'univers ? Rien. Absolument rien. « *Un néant à l'égard de l'infini* », selon Pascal. L'être humain n'est qu'un microbe insignifiant abrité derrière l'atmosphère fragile d'une minuscule planète. Comme nous le savons, cette minuscule planète tourne autour du soleil. Mais qu'est-ce que le soleil ? Rien de plus qu'une banale étoile, semblable à des milliards d'autres. Et le système solaire auquel nous appartenons n'est lui-même qu'un dérisoire nain dérivant au bord de l'immensité cosmique, égaré à la périphérie d'une galaxie ordinaire, joliment baptisée la Voie lactée. Et ne croyons pas que la galaxie qui nous héberge soit unique ! Au contraire ! Il existe peut-être une centaine de milliards de galaxies dans l'univers. La nôtre n'est qu'un spécimen parmi tant d'autres. Et l'on estime que chaque galaxie contient des centaines de milliards d'étoiles. Avouons que tout ceci dépasse notre petite imagination. Nous pourrions nous exclamer, à l'instar de la charmante marquise de Fontenelle : « *Voilà l'univers si grand que je m'y perds, je ne sais plus où je suis, je ne suis plus rien* ».(2)

Tentons maintenant une expérience. Avons-nous déjà pris le temps d'admirer le ciel étoilé ? Malheureusement, la pollution lumineuse engendrée par l'homme nous empêche de plus en plus de distinguer ne serait-ce qu'une étoile. Bientôt, nous oublierons complètement où nous sommes. Mais imaginons que nous nous rendions loin des villes, par une nuit sans lune. Laissons d'abord nos yeux s'habituer à l'obscurité. Qu'allons-nous alors distinguer ? La Voie lactée, la Grande Ourse ou Vénus. Quels sentiments ressentons-nous devant un tel spectacle ? N'éprouvons-nous point de l'admiration et de l'exaltation devant la splendeur de la voûte céleste ? Oui, sans doute. Songeons que les étoiles que nous voyons sont à des centaines de milliers de milliards de kilomètres. Mais quoi ? Nous avons le vertige ? Nous sommes inquiets ? Nous avons peur ? Il est vrai que nous pouvons ressentir un étrange sentiment de solitude. D'autres êtres vivent-ils au milieu de ces espaces infinis ? Qui nous regarde de l'autre côté de l'univers ? Mais contemplons encore attentivement le ciel étoilé : n'éprouvons-nous un sentiment d'écrasement et de petitesse ? N'avons-nous pas l'impression de ressembler à une fourmi placée devant un éléphant ? L'homme est tellement vulnérable ! « *Il ne faut pas que l'univers entier s'arme pour l'écraser : une vapeur, une goutte d'eau, suffit pour le tuer* », énonce Pascal.(1) Non seulement nous ne sommes rien parce que nous n'avons aucune place privilégiée à l'intérieur du cosmos, mais de plus, lorsque se pose la question de notre nature, nous prenons encore davantage conscience que nous sommes vraiment peu de chose.

En effet, contrairement aux idées reçues, l'être humain n'est pas arrivé sur Terre uniquement en raison d'un progrès biologique ou d'une augmentation de la complexité neuronale, comme cela est prévu par la théorie de l'évolution. N'est-ce pas faire preuve de mégalomanie que de penser que nous sommes le fruit attendu et programmé par la vie ? Un peu plus d'humilité serait la bienvenue. Cyrano de Bergerac, dans son « *Voyage dans la lune* », pointe du doigt cette fâcheuse tendance : « *Ajoutez à cela l'orgueil insupportable des humains qui se persuadent que la nature n'a été faite que pour eux* ».(3) Plus récemment, André Brahic a fustigé cette vision nombriliste : « *L'idée que l'univers aurait un but, que nous aurions été assez intelligents pour le découvrir, et que nous serions nous-mêmes ce but, ne paraît pas plus raisonnable qu'imaginer la Terre immobile au centre de l'univers et le ciel tournant autour d'elle* ».(4)

Posons donc l'idée, moins glorieuse, que l'espèce humaine n'est que la conséquence d'une accumulation d'accidents, d'une longue mutation des êtres qui nous ont précédés et que nous sommes le résultat du hasard et d'un mécanisme aveugle, l'aboutissement de milliers d'événements interdépendants. En effet, au cours de son évolution, la vie terrestre aurait eu de multiples occasions de disparaître ou de suivre des voies différentes. Examinons quelques exemples. Si notre lignée n'avait pas fait partie des rares survivants de l'extinction massive des animaux pluricellulaires, au Cambrien, il y a environ 530 millions d'années, il n'y aurait pas de vertébrés sur Terre aujourd'hui. Et ces derniers n'auraient peut-être jamais quitté les eaux si un groupe de poissons à nageoires n'avait pas acquis des arêtes ossifiées et une solide arête centrale, capable de supporter la masse de l'animal sur terre. Enfin, si un météorite n'avait pas percuté la Terre il y a 65 millions d'années, les dinosaures seraient toujours l'espèce dominante et les mammifères seraient minoritaires. Comme l'explique Jean-Pierre Luminet, « *il est très probable que le destin de la Terre a été fortement influencé par des événements imprévisibles, qui ont réorienté soudainement l'évolution du vivant* ».(5)

Nos contradicteurs nous feront remarquer que nous sommes en train d'émettre des hypothèses et qu'avec des « *si* », il est facile de refaire le monde. Mais si nous émettons des hypothèses, c'est pour faire comprendre qu'il est temps de renverser le piédestal sur lequel certains esprits ont voulu placer l'être humain. Considérons-le pour ce qu'il est vraiment : une minuscule et tardive ramification dans le buisson touffu des formes de vie, ramification qui n'apparaîtrait pas une seconde fois si nous replantions la graine du buisson et si nous la laissions repousser.

En outre, n'oublions pas, comme nous le rappelle Hubert Reeves, que « *nous sommes vraiment faits de poussières d'étoiles* ».(6) Qu'est-ce que cela veut dire ? De manière très schématique, lorsque meurt une étoile, ses éléments sont propulsés dans l'espace qui devient ainsi un laboratoire de chimie. Les électrons deviennent des atomes puis des molécules. Ce sont ces molécules, issues du cœur d'un astre mourant, qui, en s'associant entre elles, ont formé des organismes vivants sur Terre. Ainsi, il est bon de noter et de se souvenir que tous les êtres vivants sur notre planète, qu'il s'agisse des animaux, des végétaux ou des humains, sont tous composés des mêmes éléments chimiques. Du point de vue de la biochimie, il n'y a pas de différence majeure entre une vache, une tomate et un être humain. Tous les trois sont par exemple composés majoritairement d'eau. L'unité chimique du vivant ne devrait-elle pas nous inciter non seulement à davantage de modestie mais également à plus de solidarité et de respect vis-à-vis de notre environnement, au sens large du terme ?

1.5 L'homme de foi a bien sûr une vision différente, basée sur sa croyance en un dieu créateur du monde et de tous les êtres vivants. Pour lui, la théorie de l'évolution n'est précisément qu'une théorie, c'est-à-dire une spéculation, des hypothèses dont toutes ne sont pas vérifiées. Derrière le hasard, mot qu'utilisent avec réticence les scientifiques pour avouer sans vraiment le dire qu'il existe une dimension qui échappe à leur investigation, se dissimule la volonté divine. Le hasard fait trop bien les choses pour n'être qu'une suite d'équations. Et si nul ne conteste le fait que l'univers obéit aux lois de la physique, le croyant se demandera, non sans malice : qui est l'auteur de ces lois ?

L'idée d'un monde uniquement rationnel, régit par un hasard arithmétique, sans but défini, sans signification et donc finalement absurde, rend légitimes les accusations d'orgueil et de mégalomanie de celles et ceux qui pensent que l'homme est le fruit programmé et attendu de la nature. L'hypothèse d'un univers régit uniquement par le hasard, en lui ôtant toute signification, ôte également toute estime à l'être humain. En effet, un être humain n'aurait alors pas plus de valeur qu'une algue ou qu'une pierre. Georges Bernanos s'est posé la question de manière glaçante : « *Si vos actes, vos sentiments, vos idées mêmes ne sont que de simples déplacements moléculaires, un travail chimique et mécanique comparable à celui de la digestion, au nom de qui, au nom de quoi, voulez-vous que je vous respecte ?* ».

En revanche, la croyance en une création globale rend l'être humain humble, reconnaissant envers son créateur et respectueux de ses semblables et de toutes les créatures qui vivent sur Terre. La doctrine chrétienne, pour ne citer qu'elle, comprend des aspects que nous qualifierions aujourd'hui d'écologistes. En étudiant les textes bibliques, des théologiens n'hésitent pas à parler de développement durable, de domination régulée et de gérance raisonnée. « *La domination de l'homme sur la terre doit ressembler à l'action cultivatrice et conservatrice d'un jardinier. Il n'est pas question de spoliation, ni d'exploitation* », (7) écrit ainsi Jürgen Moltmann. Et Henri Blocher de préciser : « *Cultiver se dit en hébreu, littéralement, servir. Même dans son rapport à l'humus, l'homme devra se rappeler son humilité* ».(8)

Le débat entre matérialistes et créationnistes, aussi intéressant soit-il, n'est pas le cœur de notre réflexion. La science et la foi doivent évidemment être distinguées. De la même manière que nous n'arriverons pas à ajuster deux pièces d'un puzzle qui ne sont pas faites pour être imbriquées, il est tout à fait inutile de chercher, comme certains, une corrélation entre les textes sacrés et les théories scientifiques. Pour la simple raison que les textes sacrés sont multiples et les théories évolutives. Sans être acculé au seul pari de Pascal, il n'est pas interdit à un matérialiste de se poser des questions et de s'étonner de pouvoir le faire ; de s'émerveiller devant la beauté de la nature, la créativité et l'imagination débordante de la vie ainsi que ses remarquables capacités d'adaptation. Libre ensuite à chacun de construire son opinion. Mais rien n'empêche l'homme de foi de se poser également des questions, bien au contraire ! S'il ne veut pas tomber dans l'idolâtrie et verser dans l'intolérance, il est fortement encouragé à penser sa foi et à prendre du recul avec ses convictions pour les analyser.

Un dernier mot pour clore cette parenthèse. Les matérialistes et les créationnistes semblent irréconciliables et définitivement voués au mieux à s'ignorer, au pire à s'invectiver. Pourtant, leur apparente opposition dissimule un accord manifeste que beaucoup ignorent ou feignent d'ignorer. En effet, que nous le voulions ou non, que nous en ayons conscience ou pas, il faut bien admettre que nous sommes tous des croyants. Quel que soit l'objet de notre croyance.

Croire est un phénomène universel qui traverse toutes les époques. Que nous croyons en la science, au progrès, en l'avenir, en la médecine, à l'argent, à la réussite, à la célébrité, au destin, à Dieu, aux soucoupes volantes, à l'art, en l'homme ou à la nature, nous sommes engagés dans le même processus qui consiste à avoir confiance, pour ne pas dire avoir foi, en un idéal, une idée, une valeur, un concept, une chose, une personne. Même l'individu qui nie l'existence de toute divinité est un croyant qui s'ignore. En effet, sur quoi se base sa négation ? Sur une croyance en l'inexistence d'un dieu. Donc sur une croyance.

Tout ceci pour dire qu'il est salutaire de faire l'effort de dépasser les oppositions, les antagonismes et les choix binaires. Car les dépasser nous permet de nous rendre compte qu'au-delà des apparences et des divergences, nous avons souvent, finalement, des points communs.

1.6 Reprenons à présent le fil conducteur de notre pensée. Toujours dans le but de comprendre pourquoi il faut être heureux d'*être*, je propose d'élever encore un peu plus le débat. Lorsque nous nous interrogeons sur les conditions qui doivent être réunies pour favoriser l'apparition de la vie sur une planète, nous constatons que la liste est plutôt longue et précise. Dans l'état actuel de nos connaissances et en nous basant sur notre propre expérience, pour que la vie puisse éventuellement émerger sur une planète, il faut déjà que cette dernière soit en orbite autour d'une étoile. Cela peut sembler évident mais notons qu'il existe dans l'univers des systèmes comprenant deux étoiles, ce qui, a priori, ne favorise pas ne serait-ce que la formation de planètes. Mais revenons à notre étoile : cette dernière ne doit être ni trop massive ni trop faible. Ensuite, la planète située autour de cette étoile doit être située sur une orbite, de préférence la plus circulaire possible, lui permettant de recevoir un flux d'énergie suffisant. La planète ne doit être ni trop proche ni trop éloignée de l'étoile. Mais encore faut-il que la masse de la planète soit adéquate pour que la gravité retienne des éléments légers comme le carbone ou l'oxygène par exemple. Si la planète est trop petite, comme Mars, ou trop grande, comme

Jupiter, l'équilibre est rompu. Les scientifiques pensent également qu'il est nécessaire que la planète contienne suffisamment de matières radioactives pour libérer de l'énergie pendant des milliards d'années. Une planète morte a peu de chance de voir apparaître la vie ! Enfin, cette planète doit être entourée par une atmosphère, posséder de l'eau liquide en assez grande quantité et il est essentiel que son cœur soit métallique afin de favoriser un champ magnétique protecteur. Certains chercheurs estiment même que la présence de la Lune autour de la Terre a favorisé indirectement l'émergence de la vie. Même si cette opinion est controversée, notons l'explication exposée par Jean-Pierre Luminet : « *Sans Lune (...) l'axe de rotation de la Terre se balancerait de façon chaotique selon des angles allant de 0 à 85°, détruisant toute stabilité climatique* ». (9)

De ce qui précède, que pouvons-nous en conclure ? Que l'apparition de la vie sur une planète est soumise à beaucoup de conditions favorables. La vie dans l'univers n'est pas impossible, puisque nous sommes là pour en parler, mais elle n'est pas non plus banale. Malgré les recherches effectuées sur Mars et la probabilité de présence d'eau liquide sous la glace de Ganymède, Callisto et Europe, satellites de Jupiter (pour ne citer qu'eux), eau liquide contenant peut-être des bactéries, nous sommes pour l'instant toujours seuls dans l'immensité cosmique. Nous sommes donc très chanceux que la vie ait pu apparaître sur Terre ! L'homme est peut-être un « *néant à l'égard de l'infini* », mais il existe ! C'est précisément ici que réside l'aspect merveilleux de cette histoire. L'homme n'est rien mais il existe !

Certains esprits blasés se demanderont : et alors ? Et

alors ? Mais encore une fois, nous avons finalement beaucoup de chance d'*être* des êtres vivants et de pouvoir en discuter. S'agit-il vraiment d'une chance ? Admettons du moins qu'il s'agit d'une expérience unique, car, jusqu'à preuve du contraire, nous ne vivons qu'une seule fois. Ne perdons pas de vue qu'exister est un phénomène remarquable. Nous sommes peut-être perdus dans l'immensité de l'univers, nous ne sommes peut-être arrivés sur Terre que par le biais du plus pur hasard, mais nous existons ! Nous avons la chance de vivre : voilà pourquoi il faut s'en réjouir, à chaque instant, à chaque seconde, à chaque respiration, à chaque battement de cœur ! Voilà pourquoi il faut être heureux d'*être*. Et n'oublions pas qu'il est possible d'être heureux d'*être* ! Il suffit de différencier les conditions d'existence de l'existence en elle-même. Si nous sommes découragés ou désespérés par la vie, ce n'est pas de la vie au sens premier du terme dont nous parlons, mais des difficultés que la vie pose sur notre chemin. Exister représente une aventure remarquable et unique : réjouissons-nous et tirons en profit. Et s'il fallait résumer cette pensée en une seule formule, retenons celle-ci : je suis donc je suis heureux d'*être*.

1.7 Nous avons tenté d'expliquer qu'il faut être heureux d'*être,* car exister représente un phénomène remarquable. Nos contradicteurs trouveront facilement des objections et des critiques. Rappelons une nouvelle fois que notre intention n'est pas de redonner de l'espoir à quelqu'un qui n'en a plus. Nous laissons cette prétention à d'autres. Au cours de notre existence, nous rencontrons tous des difficultés et des problèmes. Nous sommes parfois confrontés à des drames et à des peines. Nier cette réalité serait ridicule. Nous disons simplement la chose suivante : nous avons des problèmes, c'est vrai, mais consolons-nous en songeant que nous avons tout de même la chance de vivre sur ce microscopique grain de poussière égaré aux confins de l'univers que représente la Terre !

Pourquoi être heureux d'*être* ? Parce que nous avons pris conscience que le seul fait d'exister représente un phénomène remarquable. Parce que nous avons pris conscience que la vie est une expérience unique. Parce que nous avons pris conscience que nous ne sommes rien par rapport à l'univers, mais que nous sommes. Parce que nous avons pris conscience de la chance que nous avons d'être, en sachant toutes les conditions favorables nécessaires à l'apparition de la vie. Parce que nous avons pris conscience que nous aurions pu, par des faits de circonstances, ne jamais exister. C'est pour toutes ces raisons qu'il faut profiter à chaque instant de la vie qui s'offre à nous et être heureux d'*être* en toutes circonstances. Car être heureux d'*être* peut nous permettre, sinon de surmonter, du moins de mieux supporter les aléas de la vie quotidienne.

Certains feront remarquer que prendre conscience que nous ne sommes rien dans l'univers, prendre conscience du caractère remarquable et merveilleux de la vie et par ce biais, être heureux d'*être*, n'est pas à la portée de tout le monde : seuls ceux qui pensent peuvent y accéder. Qu'est-ce que cela semble signifier ? Que la majorité de nos semblables ne se posent jamais ce genre de questions. Qu'ils n'en n'ont ni le temps ni le goût. Ainsi, nous aurions le travers de beaucoup réfléchir, de nous étonner tous les jours, de nous interroger perpétuellement sur le pourquoi et le comment. En agissant de la sorte, de manière aussi originale, nous ne devons pas être les plus heureux du monde. En effet, ne pas trouver de réponse à nos interrogations ou s'apercevoir qu'en enrichissant notre savoir, nous augmentons proportionnellement le champ de notre ignorance doit être profondément décourageant, n'est-ce pas ? Tandis que les personnes éloignées de toutes ces vaines préoccupations, celles qui ne cogitent pas et qui se contentent de vivre sont sûrement infiniment plus heureuses et épanouies. Posons-nous alors la question suivante : pourquoi ne pas nous contenter de vivre ?

Il est vrai que se laisser vivre serait une solution facile. Sans doute serions-nous cent fois plus heureux si nous étions des automates sans cervelle, ne réclamant que du pain et des jeux, ne vivant qu'animé du désir d'avoir ! Quels individus chanceux nous serions si nous abdiquions notre droit à penser par nous-mêmes, si nous étions de dociles moutons sans esprit critique, exempts de curiosité vis-à-vis de ce qui nous entoure, uniquement intéressés par les rumeurs ridicules et les polémiques superficielles. Quelle douce et agréable vie serait la nôtre si nous oubliions le voyage de la Terre autour du soleil pour nous enfermer dans notre propre univers, tellement rassurant et prévisible !

Cependant, malgré toutes ces miroitantes promesses et tous ces fascinants atouts, nous ne désirons certainement pas d'un tel bonheur. Cela peut paraître paradoxal. N'avons-nous pas pris comme base de réflexion que le bonheur est ce que chacun désire ? Le bonheur demeure ce que les hommes demandent à la vie : le bon sens voudrait que la félicité soit le premier des objectifs, la première des priorités. Certes. Mais accepterions-nous, pour être heureux, de faire n'importe quoi ou d'être n'importe qui ?

1.8 Que retenir de notre réflexion ?

Qu'il est important de ne pas oublier. Ne pas oublier que nous vivons tous sur la même machine ronde, pour reprendre la jolie expression utilisée par La Fontaine dans l'une de ses fables. Ne pas oublier le voyage qu'effectue notre planète autour du soleil. Ne pas oublier l'univers qui nous entoure, la place qui est la nôtre en son sein et sa singularité. Ne pas oublier que nous sommes des poussières d'étoiles. Ne pas oublier notre insignifiance et notre fragilité. Non pas pour nous rabaisser, nous dénigrer, avoir peur ou être découragé. Mais au contraire pour être heureux d'*être*.

Malgré tout. Et cependant.

Au début de notre exposé, nous avons convenu sans difficulté, notre expérience personnelle nous le montre, que la vie peut être difficile, pénible, source de conflits, de peines et de souffrances. Mais la vérité nous oblige à admettre que la vie est également belle, rassurante, enthousiasmante, palpitante, charmante, éclatante, source de joie, d'amour, de rires, d'émotions, de rencontres. Notre existence est heureusement parsemée de beaux moments.

Qu'il est important de ne pas oublier de vivre. De vivre

pleinement. En profitant de l'instant présent. Au lieu de toujours penser à demain. Au cours d'une promenade par exemple, pensons-nous à ce que nous ferons après la balade ? Ou profitons-nous de ce que nous faisons, voyons et ressentons, ici et maintenant ? Au cours de cette même promenade, contemplons-nous le paysage ? Ou faisons-nous d'abord des photos et autres autoportraits pour les diffuser immédiatement sur les réseaux sociaux en surveillant les réactions de nos proches ? Songer à l'avenir ou élaborer un projet n'est évidemment pas déconseillé ! Mais veillons à ce que *l'après* n'envahisse pas le présent jusqu'à l'étouffer et l'empêcher d'exister.

Qu'il est important enfin de prendre son temps. Car pour ne pas oublier, il est nécessaire de prendre un minimum de temps. Pour s'arrêter, se poser, réfléchir, penser, s'interroger, lire, voir, écouter, contempler. Dans un monde où le temps est assimilé positivement à de l'argent et négativement à du luxe, où la rapidité et l'efficacité sont parfois synonymes, Chronos est perçu comme un adversaire qu'il faut combattre coûte que coûte. Or, cet adversaire désigné se défend de manière très efficace et cruelle, sans que nous en ayons conscience : il s'amuse à nous faire courir après le vent. Nous en perdons ainsi notre souffle, notre respiration, nous ne parvenons plus à nous arrêter, nous sommes enchaînés et entraînés dans une course de plus en plus rapide où nous nous épuisons inexorablement. Et notre vie nous échappe comme le sable entre les doigts. Aussi est-il conseillé de faire du présent, sinon un ami, du moins un allié sûr. Apprenons à le déguster plutôt que le fuir.

Un tel discours et de telles paroles vont se heurter, de

manière très prévisible, à toutes les réticences, à toutes les hostilités, à toutes les moqueries et surtout à toutes les indifférences. Malgré tout, nous sommes invités à faire preuve de détermination et de courage. Et faire preuve de courage dans ce cas précis n'équivaut à rien d'autre que de préserver, contre vents et marées, notre singularité. C'est ce que nous allons examiner à présent plus en détail dans la seconde partie.

Seconde partie

Eloge de la difficulté

ou pourquoi choisir la difficulté nous rend plus libres

2.1 Un jour, un proche nous annonce qu'il est devenu fan de telle personnalité. Généralement, mais pas toujours, la personnalité en question est un artiste, que ce soit dans le domaine de la musique ou du cinéma. Un sportif peut également faire l'objet d'une ferveur passionnée. C'est plus rarement le cas d'un scientifique, d'un médecin, d'un historien ou d'un exégète. A travers le monde, il existe de très nombreuses personnes animées d'une passion et d'une admiration pour quelque chose ou pour quelqu'un. Certains estimeront parfois excessive cette passion ou cette admiration. Libre à chacun de le penser.

Interrogeons-nous plutôt sur la nature du sentiment ressenti par tous ces fans ou ces groupies. La réflexion à ce sujet sera brève. Est-il opportun de se demander longuement s'il s'agit d'une déclinaison de sympathie, de bienveillance ou d'amitié ? Les apparitions publiques de la personnalité admirée engendrent souvent des réactions proches de l'hystérie. Et les propos entendus et recueillis auprès des fans sont parfois empreints d'adoration. La sympathie, la bienveillance et l'amitié ne provoquent pas de telles manifestations. Nul doute donc que le sentiment qui anime les groupies soit un sentiment de profonde affection.

Pour le dire simplement, l'amour en est le moteur.

Des amateurs d'arguties objecteront que l'objet de cet amour n'est pas toujours l'individu mais ce qu'il crée ou ce qu'il fait : nous pouvons apprécier les chansons de tel artiste mais pas le chanteur lui-même ou les textes de tel romancier mais pas l'auteur en tant qu'individu. Ces cas existent sans doute mais admettons qu'ils sont marginaux. La plupart du temps, nous apprécions aussi bien l'artiste que ses œuvres.

Posons-nous à présent la question suivante : comment pouvons-nous aimer quelqu'un que nous n'avons jamais rencontré et que nous ne connaissons pas ? Car lorsque l'on y réfléchit, c'est précisément ce qui se passe pour un fan.

Sur le premier point, lorsque nous assistons à un concert, rencontrons-nous vraiment l'artiste dont nous sommes admirateur ? La plupart du temps, nous nous contentons de le voir ou de l'apercevoir de loin. Et quand bien même nous attendons de longues minutes à la porte de sa loge pour obtenir un autographe, il s'agit davantage d'un contact furtif, sans échanges, que d'une réelle rencontre. A fortiori, ce constat est encore plus vrai lorsque nous sommes fan d'une personnalité décédée. Les admirateurs de Marilyn Monroe n'ont *a priori* jamais rencontré l'actrice américaine.

Sur le second point, pouvons-nous sans ciller prétendre connaître la célébrité dont nous suivons toute la carrière ? Nous ne savons d'elle que ce qu'elle accepte de dire. Rien de plus. Des pans entiers de sa personnalité et de sa vie nous sont sans doute inconnus. Nous connaissons au mieux la personnalité publique mais certainement pas la personne privée et intime.

Le constat demeure donc le suivant : nous n'avons

jamais (vraiment) rencontré telle personne et nous ne la connaissons pas, et pourtant, nous l'aimons. Il faut admettre qu'un tel fait peut paraître illogique et contradictoire. Normalement, lorsque nous aimons quelqu'un, nous le connaissons bien et nous vivons ensemble s'il s'agit d'une passion ou dans une certaine proximité dans le cas d'une amitié. Comment pouvons-nous aimer quelqu'un que nous n'avons jamais rencontré et que nous ne connaissons pas ? Laissons dans l'immédiat cette question en suspens. Partons plutôt de cet état de fait pour en tirer une conséquence inattendue.

2.2 Si nous sommes capables d'aimer quelqu'un que nous ne connaissons pas et que nous n'avons jamais rencontré, cela signifie donc que nous sommes *tout autant capables* d'aimer notre prochain. Qui est notre prochain ? Celui qui n'entre pas dans le cercle très restreint des personnes que nous aimons déjà : notre conjoint, nos enfants, les autres membres de notre famille (et encore, ce n'est pas toujours le cas pour tous !), nos amis. Combien sont-ils ces privilégiés ? Cinq, dix, vingt dans le meilleur des cas. Mais tous les autres ? Nos collègues, nos voisins, les gens que nous croisons dans la rue, les habitants de notre quartier, de notre village, de notre pays. Quel sentiment ressentons-nous pour ces quelques connaissances et ces innombrables anonymes ? Certainement pas de l'amour. Et pourtant, à travers l'exemple des admirateurs enthousiastes développé précédemment, nous avons découvert que nous possédons au fond de nous la capacité de les aimer.

Arrêtons-nous un instant sur un élément important. Nous parlons bien ici de *capacité*. Cela ne veut pas dire que nous aimons notre prochain. Mais que nous en avons la faculté, le pouvoir. C'est essentiel. Les esprits positifs ajouteraient que c'est réconfortant. Si tous les fans de tous les artistes du monde étendaient l'amour qu'ils portent à leur idole à ne serait-ce que leur voisin, ce serait déjà un grand pas. Cette aptitude est-elle partagée par tous les êtres humains ? Proposons l'hypothèse que oui. Nous avons tous des capacités, différentes par leur nature et leur degré. Parmi ces aptitudes, celle qui consiste à aimer quelque chose à défaut de quelqu'un est l'une des plus universellement partagée.

Cependant, et c'est là un autre point essentiel, encore faut-il que le pouvoir se transforme en *vouloir*. Entre avoir la capacité d'aimer notre prochain et avoir la volonté de l'utiliser, il y a un fossé que beaucoup ne franchissent jamais. Si nous possédons la clé d'une automobile mais que nous ne l'utilisons pas, la voiture ne fonctionnera pas. Ce sera une belle mécanique avec une jolie carrosserie mais qui ne servira à rien. Si nous possédons la clé pour avancer vers l'amour du prochain mais que nous ne l'utilisons pas, le résultat sera le même. Ce sera un objet inutile. Nous avons une clé entre les mains. A nous de décider quel usage nous souhaitons en faire.

Le vouloir s'articule avec la liberté. Certains iront jusqu'à affirmer que la volonté est fille de la liberté. L'argument est le suivant : parfois, nous ne *pouvons* pas faire. Pourquoi ? Parce que nous ne sommes pas libres. Mais c'est librement que nous *voulons*. Admettons néanmoins qu'il existe des exceptions. Il arrive que nous ne voulions pas faire quelque chose mais que nous y soyons contraint. Ou paradoxalement que nous le fassions sans le vouloir ! En une phrase, dans l'Epître aux Romains qui lui est attribué, Paul résume très bien la situation : « *Je ne fais pas le bien que je veux mais je fais au contraire le mal que je ne veux pas* ».

Néanmoins, il faut bien constater que nous avons tous la liberté de choisir notre manière d'agir vis-à-vis de nos semblables, de faire ou de ne pas faire, de dire ou de ne pas dire, d'être ou de ne pas être. La plupart du temps, nos choix sont rarement définitifs. Ils sont plutôt variables en fonction des circonstances et des personnes. Nous pouvons choisir la bienveillance vis-à-vis de celle-ci, mais le mépris pour celui-là. Nous sommes complètement libres et livrés à nous-mêmes.

Aussi est-ce de notre plein gré que nous décidons aujourd'hui d'avancer vers l'amour du prochain. Non parce que c'est facile. Mais parce que c'est difficile. Et parce que choisir la difficulté nous rend plus libres. Cette affirmation peut paraître étrange à première vue. Nous allons l'expliciter.

Arrêtons-nous dans un premier temps sur des exemples. Ne pas respecter le code de la route et plus particulièrement les limitations de vitesse est très facile. Il suffit d'appuyer sur l'accélérateur. Rien de plus simple. N'importe qui peut y arriver. En revanche, respecter les limitations de vitesse est plus ardu. Cela nécessite de la volonté, de l'attention, de la concentration, une capacité d'anticipation et d'adaptation aux circonstances.

De la même façon, il est tellement facile de hausser le ton, de crier, de s'énerver. Il est très facile de critiquer, de dire du mal de quelqu'un, de se moquer avec cruauté, de faire preuve d'ironie, de méchanceté. Même les enfants sont capables de méchanceté. C'est à la portée du premier venu. Il est également très facile d'être violent. Cela ne nécessite aucun effort particulier. Par contre, il est beaucoup plus difficile de faire preuve ne serait-ce que de patience, de bienveillance, d'attention, d'écoute. Lors d'une rencontre, le plus difficile n'est pas de trouver des sujets de conversations, mais d'écouter. Savons-nous écouter l'autre ? Ou parlons-nous d'abord de nous, de notre vie, de nos problèmes ?

Entre parenthèse, ne dit-on pas de quelqu'un qu'il tombe dans la facilité ? L'utilisation du verbe « tomber » est intéressante. Elle nous renvoie à l'image de la chute, de la perte d'équilibre, du fait d'être entraîné à terre, d'être bien bas. Tout un vocabulaire plutôt négatif et pas très glorieux.

2.3 Si le monde ressemblait à une île, l'écrasante majorité de la population vivrait et demeurerait sur le rivage et dans la plaine. Ce sont les endroits de l'île les plus agréables, les plus beaux, où la vie est la plus facile. Sur le rivage, nous sommes bercés par le bruit des vagues qui s'échouent sur la plage de sable fin, nous sommes attirés par l'eau bleue transparente dans laquelle nous aimons nous prélasser, nous sommes tentés de nous allonger sur le sable au soleil pour le seul plaisir de sentir ses rayons nous réchauffer le corps. Dans la plaine, nous profitons des bienfaits de la nature : nous récoltons les fruits et les légumes, nous nous occupons des animaux domestiques, nous buvons l'eau qui s'échappe de plusieurs résurgences, nous construisons nos maisons avec les arbres disponibles. Certains habitants, plus solitaires, découvriraient, exploreraient et aménageraient pour leur confort des grottes mi-souterraines desquelles ils sortiraient de temps en temps pour chasser des animaux sauvages et faire des provisions de nourriture. D'autres, encore moins nombreux, voudraient s'approcher et tenteraient la difficile ascension d'une très haute montagne, très escarpée, dont le sommet est perpétuellement entourée de nuages. Est-il utile de préciser que la montagne difficilement accessible représente l'amour du prochain et les grottes obscures la haine de l'autre ? Certes, ce sont des images très simplistes mais plus parlantes que de savantes digressions.

L'amour du prochain et la haine de l'autre. Entre ces deux extrêmes, la plupart d'entre nous naviguons médiocrement entre, au mieux, l'indifférence, au pire le mépris et le rejet, en passant de temps en temps par la générosité, l'agacement, la compréhension ou l'égoïsme. Ceci n'est pas un jugement mais un constat. Comme l'a écrit si justement Diderot : « *Dire que l'homme est un composé de force et de faiblesse, de lumière et d'aveuglement, de petitesse et de grandeur, ce n'est pas lui faire son procès, c'est le définir* ».(10) Nous avons vu précédemment que la haine de l'autre nous fait tomber dans la facilité, qu'elle nous abaisse. Nous savons aussi, et nous y reviendrons, que l'amour du prochain nous élève. Pourtant, nous préférons, par confort et par fainéantise, rester douillettement sur le rivage. C'est tellement plus simple !

Néanmoins, vous êtes invités à faire le choix de marcher en direction de la montagne. Il est vrai qu'elle nous apparaît très lointaine à l'horizon. Nous savons que la route sera longue, périlleuse et les obstacles que nous devrons franchir nombreux. Malgré toutes ces difficultés, ou plutôt parce qu'elles existent, notre détermination est sans faille. Car nous préférons vivre une aventure que rester allongés sur la plage. Encore une fois, nous voulons emprunter le chemin qui mène vers l'amour du prochain non parce que c'est facile, mais parce que c'est difficile. Et parce que ce choix nous apporte une plus grande liberté ou une liberté autre.

Mais de quelle liberté parlons-nous ? Le sujet est vaste

et le but n'est absolument pas de le traiter de la manière la plus exhaustive possible. Aussi nous contenterons-nous de mettre l'accent sur quelques points. Que signifie être libre ? A cette question, nous avons spontanément tendance à répondre qu'être libre, c'est faire ce que nous voulons quand nous le voulons. Certains préciseront que notre liberté s'arrête là où commence celle d'autrui. Soucieux de la légalité, d'autres apprécieront plutôt la définition de Montesquieu : « *La liberté est le droit de faire tout ce que les lois permettent* ». (11) D'autres points de vue sont possibles. Cependant, restons sur la réponse la plus spontanée et prenons comme cadre de notre réflexion le fait qu'être libre signifie pouvoir agir sans contrainte. A partir de cette base, et à y regarder de plus près, la plupart du temps, notre liberté se contente ou se réduit à faire ce que tout le monde fait.

A un adolescent qui revendique la liberté de sortir le soir avec des copains, nous pouvons ajouter : oui, mais comme des milliers d'autres personnes. A nos amis qui affirment vouloir faire ce qu'ils veulent et partir seuls en vacances à l'autre bout du monde, nous pouvons ajouter : oui, mais comme des milliers d'autres personnes. A nos voisins qui choisissent librement d'user d'indifférence vis-à-vis de nous, nous pouvons, hélas, ajouter : oui, comme des milliers d'autres personnes. Nous pourrions citer d'autres exemples mais tous nous permettraient de faire le même constat : nous agissons peut-être sans contrainte mais souvent dans le même sens, dans la même direction : en étant influencé par le comportement d'autrui ou poussé par l'air du temps, par un vent dominant, ou en suivant une mode, sans forcément d'ailleurs nous en rendre compte.

Notre liberté est prévisible et sans surprise. Ou plutôt,

la liberté, telle que nous l'utilisons, de la manière dont nous en faisons usage, est prévisible. Tellement et tristement prévisible. Prenons dix individus, enfermons-les dans une maison. De quelle manière vont-ils utiliser leur liberté vis-à-vis des autres ? Parions que ce ne sera pas dans le sens de l'amour. Leur cohabitation sera sans nul doute émaillée de disputes, de rivalités, de jalousie ou au mieux d'agacements. L'Histoire nous montre malheureusement que l'être humain se sert souvent de sa liberté contre l'autre ou pour lui nier le droit d'utiliser la sienne ! De ce point de vue, la haine, les conflits ou les meurtres sont les terribles enfants de cette liberté. Les maux sont possibles parce que librement choisis. Parce que chacun est maître de lui-même. Et que beaucoup s'imaginent maître de leurs semblables et de la nature. Cependant, gardons-nous de faire de l'usage de la liberté la cause exclusive du mal et de la souffrance ! Cette explication serait d'une ambition ridicule. Elle ne serait pas satisfaisante face aux catastrophes naturelles. De même, la souffrance d'un enfant malade ne peut nous être imputée. Contentons-nous d'observer que les conséquences de notre liberté et de son utilisation se cantonnent dans nos rapports avec autrui et avec notre environnement.

2.4 Notre liberté est-elle donc fausse ? Non. Elle est bien réelle. Mais elle est prisonnière. Cette idée peut sembler paradoxale mais elle n'est que le reflet de la réalité, cette réalité que nous refusons de voir. Le principal geôlier de notre liberté n'est autre que nous-même. Notre liberté est prisonnière de notre nature bassement et tristement humaine, pétrie dans toutes ses contradictions. Si nous devions nous définir, nous pourrions dire, entre autre, que nous sommes d'extraordinaires maçons. En effet, l'être humain est un remarquable et infatigable constructeur de murs. Des murs qui séparent et qui excluent. L'exemple le plus célèbre est le mur de Berlin qui sépara la capitale allemande pendant près de trente ans. Mais songeons aussi à toutes les clôtures qui délimitent les propriétés, parfois de manière agressive et ostentatoire. A ce sujet, dans son « *Discours sur l'origine de l'inégalité* », Jean-Jacques Rousseau écrit de manière saisissante : « *Le premier qui ayant enclos un terrain s'avisa de dire : Ceci est à moi, et trouva des gens assez simples pour le croire, fut le vrai fondateur de la société civile. Que de crimes, de guerres, de meurtres, que de misères et d'horreurs n'eût point épargnés au genre humain celui qui, arrachant les pieux ou comblant le fossé, eût crié à ses semblables : Gardez-vous d'écouter cet* *imposteur ; vous êtes perdus si vous oubliez que les fruits sont à tous et la terre n'est à personne* ! ». (12) Mais l'homme construit également des murs à l'intérieur de lui-même, dans sa tête et dans son cœur. Dans notre cœur, l'égoïsme, l'orgueil, la vanité, mais également la peur, sont des murs qui nous séparent des autres. Repliés sur nous-mêmes, à l'abri derrière nos remparts protecteurs, nous nous habituons à ne vivre qu'avec notre petit moi. Nous oublions la vie extérieure. Et lorsque quelqu'un tente de franchir les murs qui entourent notre cœur, nous cédons à la peur de l'inconnu et nous réagissons violemment. L'homme eût été plus inspiré de construire des ponts.

Nous choisissons donc une liberté facile. Nous choisissons la facilité de nous laisser aller à nos pulsions primaires, à nos peurs, à nos petitesses, à nos mesquineries, à notre soif de domination et à tous les instincts les plus bas. Nous pensons être libres et maîtres de nous-même alors que nous sommes esclaves de notre cerveau reptilien. Or, si au lieu d'opter pour cette facile liberté, nous allons vers la difficulté, alors notre liberté sera plus libre ou en tout cas elle sera autre, elle sera rebelle, originale, différente. Si nous choisissons d'utiliser la clé que nous avons entre les mains, si nous choisissons de nous diriger vers la montagne au lieu de rester sur le rivage, si nous choisissons de construire des ponts au lieu de bâtir des murs, notre liberté sera et ira à contre-courant. A contre-courant des habitudes, des conceptions, des discours, des pensées, des idées, des a priori, des réflexes, des mentalités majoritaires.

Si nous décidons d'aller à contre-courant et d'utiliser notre liberté pour nous diriger vers l'amour du prochain, que devons-nous faire ensuite concrètement ? A cette question légitime, j'ai tendance à répondre qu'il n'existe pas de recette parfaite, unique et pour tout dire simpliste. Chacun cherchera et trouvera sa voie, en fonction de sa personnalité et de ses capacités. Néanmoins, je vais me permettre de donner un conseil. Devons-nous par exemple partir immédiatement au Népal pour nous engager auprès d'associations caritatives ? Non. Je ne dis pas que les associations qui œuvrent au Népal ou ailleurs ne servent à rien. Mais il est inutile d'aller si loin, il est inutile de se fixer des objectifs trop ambitieux qui risquent de nous décourager. Car quel est notre but ? Ne soyons pas naïfs. Nous ne vivons ni dans une tour d'ivoire ni dans un monde imaginaire, rêvé ou fantasmé. Nous connaissons la réalité de nos sociétés, nous savons ce que les hommes sont capables de faire. Ne soyons pas non plus dupes de nous-mêmes. Ne nous attribuons pas toutes les qualités, ne nous croyons pas supérieurs aux autres. Nous savons pertinemment que nous n'atteindrons jamais le sommet de la montagne. Parce que ce n'est pas notre objectif. Ce dernier est beaucoup plus modeste. Nous souhaitons simplement nous éloigner du rivage. Ce but est peut-être réaliste mais il demeure difficile et si nous y parvenons, ce sera déjà un grand effort et un joli succès.

Que faire pour nous éloigner du rivage et de ses attraits fascinants ? Lors d'une randonnée, il est conseillé de marcher à pas réguliers plutôt que faire de grandes enjambées qui risquent de nous fatiguer. Appliquons cette règle dans notre cas précis. Mieux vaut faire de petits pas, modestes mais efficaces, que de grands bonds qui peuvent être déstabilisants. Je vous propose donc d'opter pour la technique de la coquille d'escargot. Comme vous le savez, elle est en forme de colimaçon. En partant de l'apex, la pointe de la coquille, dessinons autour de nous des cercles concentriques qui s'élargissent au fur et à mesure. Ce que je veux dire et ce que vous conseille, c'est de commencer à marcher en direction de la montagne en compagnie des personnes les plus proches, avec celles que nous côtoyons le plus fréquemment. C'est ici et maintenant que nous voulons nous engager. Ainsi, c'est dans notre vie quotidienne et d'abord autour de nous que nous abattrons les murs extérieurs et intérieurs.

Oui, mais concrètement ? Que faire ? En soi, rien d'extra-ordinaire, au sens premier du terme. Un sourire. Un regard. Une attention. Une écoute. Un mot. Ces petits gestes, ces petits riens, suffisent pour avancer. Que ceux qui estiment un peu trop hâtivement que ce n'est pas grand chose ou que c'est facile, devraient essayer. Ils changeraient d'avis. Nous pouvons commencer par les membres de notre famille que nous n'apprécions pas ou peu. Par notre voisin avec qui nous ne discutons jamais et qu'au fond, nous ne connaissons pas. Par nos collègues de travail que nous avons parfois du mal à supporter.

Puis, une fois ce premier cercle franchi, et toujours fidèle à la technique du colimaçon, nous pouvons avancer vers les anonymes. Mais toujours pas à pas, peu à peu, petit à petit, modestement. Nulle hâte ne doit nous animer et nul échec ne doit nous décourager. Car de la même manière que l'indifférence est contagieuse, l'attention portée à l'autre l'est tout autant. Mais, il faut bien le constater et l'admettre, l'immédiateté est rarement au rendez-vous. Il faut du temps pour que les murs se lézardent car leurs bases sont solides. Se diriger vers la montagne implique donc de la patience et de la persévérance. Nous pouvons et nous allons très certainement trébucher. L'essentiel est que nous nous relevions et que nous poursuivions notre marche, sans crainte mais non sans confiance.

2.5 Les petits gestes et les petits riens évoqués ci-dessus se réalisent lors d'une rencontre. Qu'entendons-nous par là ? Qu'est-ce que rencontrer ? Est-ce croiser furtivement dans la rue un ou une inconnue et échanger deux phrases banales ? Non. Une rencontre, c'est découvrir l'autre. Et pour le découvrir, il faut un minimum de temps. Dans nos sociétés actuelles, où nombre de nos contemporains ne prennent même plus le temps de vivre, accorder à l'autre de vrais et longs moments apparaît comme un immense défi. Pourtant, prendre du temps et en donner est une source de richesse autrement plus précieuse que l'argent.

Soulignons ici l'utilisation du verbe donner. Qu'est-ce que le don ? C'est ce que l'on abandonne gratuitement et volontairement à quelqu'un sans rien recevoir de lui en retour. Dans cette définition, arrêtons-nous sur deux mots : abandonner et gratuitement. Le premier est symboliquement fort. Il va à l'encontre, osons dire à contre-courant, de la mentalité dominante qui estime qu'avoir est plus important qu'être. Abandonner, c'est renoncer à ce que l'on possède, ne plus vouloir d'un bien ou d'un droit, et ce au profit d'un autre ! C'est donc, par conséquent, abandonner aussi un peu de son ego. Le second terme heurte également nos esprits modelés sur la logique de la rétribution et du mérite. La gratuité est suspecte et n'inspire pas confiance. Ce qui est gratuit est forcément de moindre qualité et a moins de valeur. Nous ne croyons pas à la gratuité. Nous soupçonnons toujours celui qui en fait usage d'avoir une idée derrière la tête, d'avoir l'intention de nous demander quelque chose en retour. L'une des acceptions du mot est d'ailleurs clairement négative, lorsque l'on parle par exemple d'une accusation gratuite ou d'un crime gratuit. Et inversement, nous entendons régulièrement que tout a un prix et que tout se monnaye. Mais revenons à notre point de départ qui est la rencontre.

Lorsque nous rencontrons quelqu'un, quel que soit le contexte, mettons-nous dans la peau d'un explorateur qui aborde une contrée inconnue. Posons le pied sur cette terre nouvelle et partons à sa découverte. La plupart du temps, ces territoires inexplorés se révéleront tout d'abord peut-être un peu méfiants. Puis, après un temps d'adaptation et d'observation, ils seront généralement accueillants. Parfois, nous nous heurterons à de hauts murs infranchissables. Il nous faudra alors contourner patiemment l'obstacle et trouver la petite porte qui nous permettra d'entrer. Mais n'entrons jamais par effraction et encore moins animé d'une curiosité malsaine. Notre curiosité sera bienveillante. Si nous nous intéressons sincèrement aux autres, notre découverte se révélera passionnante et enrichissante. Notons cependant l'existence d'un préalable indispensable à toute exploration : n'attachons aucun prix à l'apparence de celui ou de celle qui se trouve devant nous. Peu importe que la personne soit grande, petite, maigre, tatouée, blanche, noire, malade ou avec des cheveux rouges. « *Le plus* *souvent, l'apparence déçoit : il ne faut pas toujours juger sur ce qu'on voi*t », affirme Molière dans « *Le Tartuffe* ».

Moquons-nous de l'apparence car elle n'est pas importante. L'essentiel est ailleurs. L'essentiel est à l'intérieur. Et c'est ce monde intérieur que nous allons explorer. Ce monde intérieur, nous pouvons l'apercevoir et le deviner à travers le regard. Certes, ce n'est pas toujours possible ni toujours le cas. Il est vrai que nous pouvons nous tromper. Néanmoins, nous avons tous constaté au moins une fois dans notre vie le nombre et la variété des émotions qui peuvent transparaître à travers un seul regard, souvent plus éloquent qu'un long discours. Ne dit-on pas que la parole a été donnée à l'homme pour dissimuler sa pensée ? Encore un point : ne nous mentons pas et ne soyons pas hypocrites ; ce préalable indispensable à une vraie rencontre est toujours contrarié par nos préjugés, aussi tenaces et résistants que des microbes. Ne tombons pas pour autant dans un sentiment de culpabilité angoissée. Nous avons tous des a priori et c'est naturel car nous voyons d'abord avec nos yeux. Ces a priori, faisons l'effort de les mettre de côté. Ce n'est pas facile mais ne sommes-nous pas déterminés à utiliser notre liberté à contre-courant ? Lorsque nous aurons découvert le monde intérieur de la personne rencontrée, nous pourrons estimer si nos préjugés la concernant étaient fondés ou non mais surtout, et c'est le plus important, nous pourrons enfin la voir ! Pourquoi enfin ? Parce que nos préjugés nous rendent aveugles. A travers eux, nous regardons sans voir. Pour vraiment voir quelqu'un, il ne faut pas utiliser ses yeux mais son cœur. C'est également le secret confié par le renard au Petit Prince : « *Il est très simple : on ne voit bien qu'avec le cœur. L'essentiel est invisible pour les yeux* ». (13)

Lors d'une rencontre, apprenons donc à nous décentrer, c'est-à-dire à quitter notre centre, à nous extirper de nous, de notre propre prison et de notre petit moi tyrannique qui nous enferme entre quatre murs et qui nous fait regarder l'autre comme un rival, un concurrent, un gêneur, un adversaire, un indésirable, un ennemi. Se décentrer, c'est ne pas rester crispé et recroquevillé sur soi-même mais se détendre, s'ouvrir, se lever, prendre du recul, changer de point de vue afin de voir une autre perspective, un autre horizon, un autre paysage. Se décentrer, c'est aussi ne pas se prendre excessivement au sérieux, c'est s'observer, non pour s'admirer, mais pour apprendre à rire et à se moquer de sa propre personne. Se décentrer, c'est s'élever, non pour s'isoler à nouveau ou pour se sentir plein d'importance, mais pour être plus léger et laisser plus de place à l'autre.

2.6 Nous venons de voir que faire le choix de la difficulté et du non-conformisme nous rend plus libre. Nous avons compris que cette liberté est le fruit non pas de gestes extraordinaires, importants, spectaculaires et médiatiques, mais d'actes simples de la vie quotidienne. Mais aller à contre-courant ne nous apporte pas seulement une liberté retrouvée.

Après avoir pris conscience que nous possédons la capacité d'aimer notre prochain, nous décidons d'utiliser ce pouvoir. Nous choisissons d'avoir plus de place dans nos cœurs pour l'amour que pour la haine, pour la bienveillance que pour le mépris, pour la curiosité que pour le rejet, pour l'attention que pour l'indifférence. Ce difficile effort quotidien, qui, au fil du temps, devient de plus en plus naturel, nous apporte beaucoup de joie, de satisfaction et une grande sérénité.

Pourtant, il faut bien reconnaître que nous n'avons fait que quelques timides pas en direction de la montagne ! Si nous nous retournons, nous nous apercevons que le rivage est toujours très proche. Mais en faisant l'effort, surhumain pour certains, de faire plus attention à l'autre, de l'accueillir favorablement et de le considérer tel qu'il est, sans a priori ni jugement, nous avons tout de même fait de petits pas, aussi modestes soient-ils. Et ce sont ces petits pas qui transforment notre existence.

Nous avons tous, au moins une fois dans notre vie, mais je l'espère beaucoup plus, ressenti de l'amour. Qu'il s'agisse de l'amour pour notre conjoint, pour nos enfants, pour nos parents ou pour nos amis. Il est banal de dire que ces formes d'amour sont à la fois communes et différentes. Mais nous sommes tentés de dire que l'amour du prochain est peut-être l'amour le plus pur, car le plus désintéressé. Et c'est cette pureté qui nourrit intensément notre corps et notre esprit. S'éloigner volontairement du rivage procure une sensation de bien-être indescriptible. Disons qu'en considérant que l'autre est comme nous, c'est-à-dire unique, respectable, et riche d'un monde intérieur à explorer, nous nous sentons moins seul et davantage porté vers la fraternité.

Ici, nos contradicteurs, qui ont été jusqu'à présent plutôt patients, ne peuvent plus se maîtriser. Ils lèvent les yeux au ciel en soupirant. Ils sont consternés par nos paroles auxquelles ils ne croient pas. Comme souvent, ils sont négatifs et pessimistes, même s'ils vont nous rétorquer que leur attitude n'est que du réalisme.

Cependant, n'oublions pas que tout ou presque n'est qu'une question de liberté. Certains choisissent la haine. Je les plains sincèrement. Et vous ? Comment utilisez-vous votre liberté ?

2.7 Résumons-nous. A travers l'exemple des fans qui chérissent une idole qu'ils ne connaissent pas et qu'ils n'ont jamais rencontré, nous avons vu que nous possédions la capacité d'aimer notre prochain. Nous avons compris que ce pouvoir doit se transformer en vouloir et quel rôle essentiel joue la liberté dans cette transformation de l'inertie en action.

Nous avons découvert également que nous avions la possibilité d'utiliser notre liberté d'agir soit de manière prévisible et conformiste, soit à contre-courant. Si nous optons pour le non-conformisme, nous savons que nous optons aussi pour la difficulté. Mais que cette difficulté, loin d'être contraignante, nous libère au contraire de notre prison intérieure et nous permet de nous décentrer. De cette manière, nous cessons peu à peu de nous heurter à des murs et nous franchissons des ponts qui nous ouvrent de nouveaux chemins vers de nouveaux horizons.

De très nombreuses personnes ne manqueront pas de nous taxer de naïveté. Mais la naïveté n'est-elle pas de croire que nous pouvons continuer encore longtemps à vivre de manière strictement égoïste, vis-à-vis des autres mais aussi vis-à-vis de notre environnement, sans qu'un jour nous ayons à en payer les conséquences ? Ces dernières ne sont-elles pas d'ailleurs déjà sous nos yeux ? Certaines sont d'ailleurs immédiates : l'indifférence et la violence se transmettent instantanément, plus sûrement que la bienveillance et la concorde.

L'invitation à choisir la difficulté et le courage, l'invitation à aller à contre-courant, ne doit pas nous dispenser pour autant de faire preuve de lucidité. Aussi, ne nous leurrons pas : la fraternité universelle n'est pas de ce monde. Parce que nous sommes libres. Et qu'il y aura toujours quelqu'un qui choisira *librement* de tuer son semblable. La fraternité universelle demeure pourtant, à nos yeux, un objectif vers lequel tendre. Préférons en tout cas celui-ci à d'autres.

Conclusion

Vous avez compris que je ne suis ni un héros invincible, ni un sage respectable, ni un maître à penser charismatique, ni un modèle à suivre. Je sais trop bien que je ne suis qu'un être humain, avec ses défauts, ses contradictions, ses faiblesses, ses travers, ses maladresses. Je ne suis pas différent de tout un chacun. La seule originalité à noter, qui n'est pas exclusive, est la suivante : je suis celui qui, même dans les pires moments, pense et dit toujours : cependant.

Savoir accepter notre nature avec ses limites, mais pour la réaliser pleinement : telle est la voie que je tente modestement de suivre et que j'ai essayé de vous décrire et de vous expliquer le plus simplement possible.

Un dernier mot. Je constate que pour la plupart de mes semblables, la vie la plus confortable, la plus facile et la plus longue constitue leur idéal. Mon souhait consiste à mener la vie la plus libre et la plus vraie.

Puissiez-vous en comprendre la raison après la lecture de cet opuscule.

Références

(1) Blaise Pascal, *Pensées,* Edition de Michel Leguern, Gallimard, 2004

(2) Fontenelle, *Entretiens sur la pluralité des mondes*, Flammarion, 1998

(3) Cyrano de Bergerac, *Voyage dans la Lune*, Flammarion, 1993

(4) André Brahic, *Enfants du Soleil*, Odile Jacob, 2000

(5) Jean-Pierre Luminet et Elisa Brune, *Bonnes nouvelles des étoiles*, Odile Jacob, 2009

(6) Hubert Reeves, Joël de Rosnay, Yves Coppens et Dominique Simonnet, *La plus belle histoire du monde*, Editions du Seuil, 1996

(7) Jürgen Moltmann, *Dieu dans la création*, Le Cerf, 1988

(8) Henri Blocher, *Révélation des origines*, Presses Bibliques Universitaires, 1988

(9) Jean-Pierre Luminet, *L'Univers en 100 questions*, Editions la Boétie, 2014

(10) Denis Diderot, *Additions aux pensées philosophiques*, Flammarion, 2007

(11) Montesquieu, *De l'Esprit des lois*, Gallimard, 2012

(12) Jean-Jacques Rousseau, *Discours sur l'origine et les fondements de l'inégalité parmi les hommes*, Flammarion, 2011

(13) Antoine de Saint-Exupéry, *Le Petit Prince*, Gallimard, 1980

Cet ouvrage a été composé par Edilivre

175, boulevard Anatole France – 93200 Saint-Denis
Tél. : 01 41 62 14 40 – Fax : 01 41 62 14 50
Mail : client@edilivre.com

www.edilivre.com

Tous nos livres sont imprimés
dans les règles environnementales les plus strictes

ISBN papier : 978-2-334-22533-5
ISBN pdf : 978-2-334-22534-2
ISBN epub : 978-2-334-22532-8
Dépôt légal : octobre 2016

Imprimé en France, 2016